A-Bi-Clec!

Hwyl gyda'r Wyddor Gymraeg

Haf Llewelyn

Lluniau: Gill Roberts

Aa

Annwyd anferth Arthur Arth

'Aaaatishw!'
Roedd annwyd mawr ar Arthur Arth.
Argian fawr, roedd yn andros o sâl!
'Aaatishw!'
Anfonodd Anti Alis am ambiwlans.
'Pwy sydd angen ambiwlans?' holodd Ani Anaconda.
'Arthur Arth sydd wedi cael annwyd,' atebodd Anti Alis.

'Paid â phoeni Arthur Arth, mi lapiaf i amdanat yn andros o dynn!' meddai Ani Anaconda, gan gymryd anadl anferth.

'Diolch Ani Anaconda, ond mae'r annwyd wedi diflannu!' meddai Arthur Arth, gan aros yn agos at Mam.

Bb Brics y Bonheddwr Bach

Glywsoch chi am y Bonheddwr mawr o'r Bala? Wel, mae'n enw gwirion braidd, oherwydd dyn bach, bach, bach ydi o – bechod. Beth am ei alw'n Bonheddwr Bach y Bala?

Gwaith y Bonheddwr Bach o'r Bala oedd gwneud bara a gwneud brics.

Roedd y Bonheddwr yn bencampwr ar wneud bara, ac yn bencampwr ar wneud brics! Brensiach, roedd bara'r Bonheddwr Bach â blas bendigedig arno. Ar ddrws y becws roedd y geiriau:

Bara bendigedig, ben bore bach,
Bara brith a bara brown i'ch cadw'n iach!

A bobol bach, roedd brics y Bonheddwr Bach yn rhai caled a da. Ar ddrws y sied gwneud brics roedd y geiriau:

Brics, brics cadarn
Caled fel haearn.

Ond un bore bach, roedd y Bonheddwr wedi blino'n lân. Breuddwydiai'n braf!

Yn lle rhoi blawd yn y bara, rhoddodd gerrig.

Yn lle rhoi cerrig yn y brics, rhoddodd y blawd. Ar ddrws y becws y bore wedyn roedd y geiriau:

Brics bendigedig, ben bore bach,
Brics brith, brics brown, i'w rhoi mewn sach!

Ar ddrws y cwt brics roedd y geiriau:

Bara, bara cadarn
Caled fel haearn!

'Bybyby...be?' bloeddiodd y Bonheddwr Bach o'r Bala.

'Bybyby...bobol bach a brensiach. Bybyby...bydd hyn yn ben ar y busnes.'
Ac felly y bu!

Crystiau Caradog

Doedd Caradog ddim yn hoffi crystiau. Doedd Caradog ddim yn hoffi cyrls. Bob amser cinio wrth fwyta ciwcymbyr a brechdanau caws coch, byddai Citi'n dweud –

'Bwyta bob crystyn nawr Caradog, er mwyn i ti gael cyrls.'

'Cyrls, cyrls – caci mwnci!' meddai Caradog o dan ei wynt. Cnôdd y ciwcymbyr a'i frechdanau caws coch i gyd ond am y crystiau.

Stwffiodd y crystiau i gyd i mewn i'w sanau fel arfer, ac allan ag ef i chwarae cuddio gyda Cadi Cyrls.

Gwalch yn colli ei chynffon

Merch fach chwit-chwat oedd Chwrli. Roedd hi'n chwilio a chwalu am rywbeth o hyd. Chwilio am ei choban yn y nos, chwilio am ei chrib yn y bore, chwilio am ei char ar ôl bod yn yr archfarchnad.

Roedd gan Chwrli gath o'r enw Gwalch ac

yn rhyfedd iawn, un chwit-chwat oedd Gwalch y gath hefyd. Roedd honno wedi colli ei llais hyd yn oed!

Un dydd, roedd Chwrli yn chwilio a chwalu ym mhob man, oherwydd aeth Gwalch ar goll. Roedd hi wedi bod allan yn chwarae a hela chwilod ers chwarter i chwech, ac roedd ei chinio wedi mynd yn oer.

'O, ble mae hi?' ochneidiodd Chwrli.

'Pach! Pchych! Pach!' pesychodd rhywun y tu allan i'r drws.

'Dewch i mewn,' meddai Chwrli a dyna lle'r oedd Gwalch y gath – heb ei chynffon!

'Wel, ble buost ti?' holodd Chwrli rhwng chwerthin a chrio. 'A beth sydd wedi digwydd i dy gynffon di?'

'Choeliwch chi fyth,' meddai Gwalch gan adrodd ei stori.

'Chwythodd y gwynt fi ar gwch i'r Eil o Man mewn chwinciad chwannen, a phan edrychais – chwap, roedd hen wrach wedi cipio fy nghynffon i!'

Gwarchod pawb, roedd Chwrli o'i chof!

'Gwalch druan, aros di nes y caf i afael ar yr hen wrach yna – mi fydd hi mewn strach!'

A choginiodd Chwrli chwe chwilen i Gwalch i'w chinio.

Dd

Druan o Deri Diplodocws

Deinosor oedd Deri. Deinosor â'r enw hiraf yn y dosbarth. Ei enw llawn oedd Deri Deiniol Diplodocws Dafis.

Dyna ichi enw!

A phan fyddai Mrs Draig yn galw'i chofrestr bob bore yn y dosbarth, cymerai gymaint o amser i ddweud enw Deri fel bod pawb arall wedi mynd i ddysgu dal dail cyn i Deri druan gael dweud: ' Yma, Miss Draig.'

Felly, un diwrnod, daeth Dilys Dal Diplodocws Dafis i'r ysgol. Mam Deri oedd Dilys Dal Diplodocws Dafis, ond roedd pawb yn ei galw hi'n Dil.

‘Dydy Deri ni ddim yn gallu dal dail, Mrs Draig!’ meddai Dil.

‘O diar!’ meddai Mrs Draig wedi dychryn.

‘Dydi Deri erioed wedi dysgu sut i ddal dail oherwydd eich bod chi’n cymryd trwy’r bore i ddweud ei enw!’

‘O diar!’ meddai Mrs Draig wedi dychryn drwyddi.

‘Felly o hyn ymlaen fe gewch chi alw fy mab yn Dip.’

Ac i ffwrdd â Dil.

Bore trannoeth, Dip mab Dil oedd y diplodocws cyntaf yn y dosbarth dal dail.

‘Ew, da iawn Dip,’ meddai Mrs Draig.

Dd Dda gen i ddim hen dda-da

Ddoe dywedodd Dafydd
‘Mae’r ddannodd arna’ i.

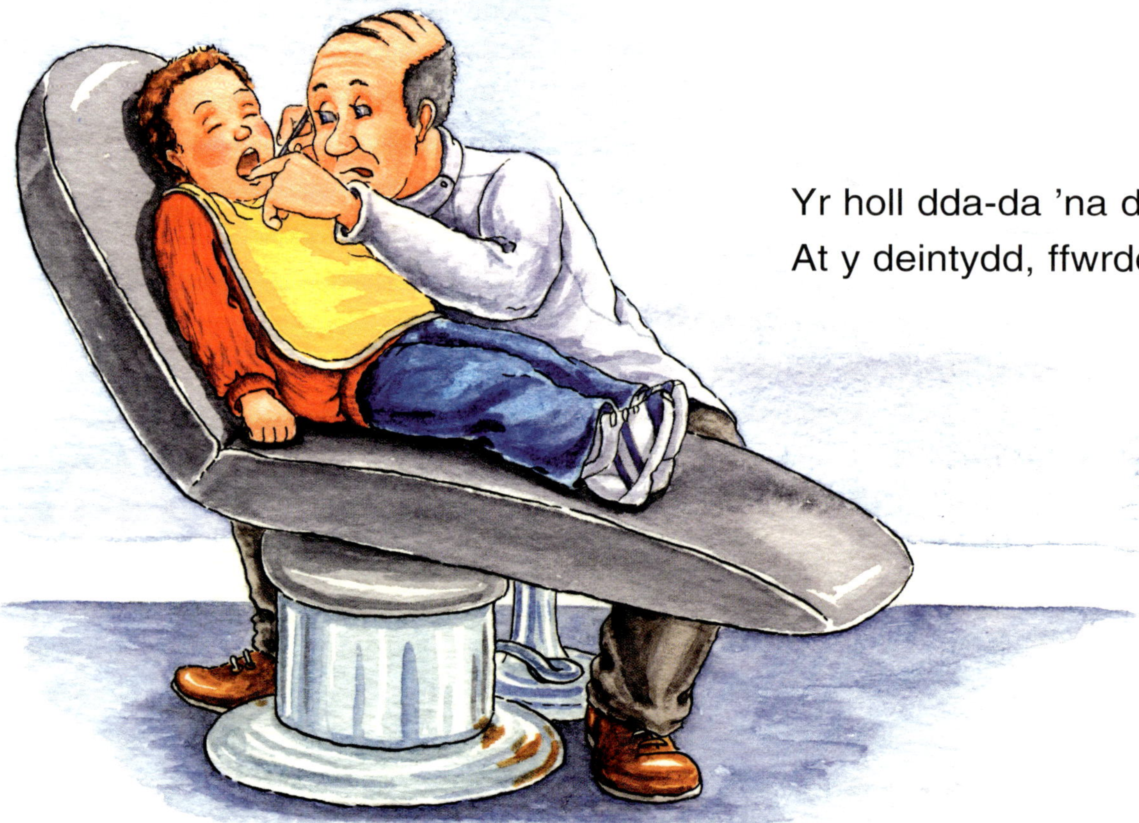

Yr holl dda-da ’na ddaru,
At y deintydd, ffwrdd â fi!’

A heddiw Dafydd ddduan
Sydd â'i dafod bddaidd yn dew
Yn thiaddad fel petathai
Ei geg 'llawn gwlân a blew!

Yfory ddaw, bydd Dafydd
Yn rhannu'i dda-da'n y stryd
Gan floeddio o ben y cloddia:
'Gen i mae'r geg lana'n y byd!'

Ee

Elin Ennog a'i gwên glên

Un glên oedd Elin Ennog. Roedd hi'n enwog trwy Erwau'r Enfys am ei gwên glên a'i chrempog.

Roedd hi wrth ei bodd yn bwyta crempog melyn blasus yn llawn o siwgr eisin a jam eirin.

A dweud y gwir, roedd Elin Ennog wedi bwyta llawer gormod o grempog melyn blasus yn llawn o eisin a jam eirin. Ac erbyn hyn, nid gwraig fach â gwên glên oedd Elin Ennog, ond gwraig fawr â gwên glên. Roedd Elin Ennog yn ENFAWR!

Roedd ieir Erwau'r Enfys wedi sylwi fod Elin Ennog wedi mynd yn enfawr, ac roedden nhw wedi cael syniad –

'Esgusodwch fi, os gwelwch chi'n dda a ga' i wy?' gofynnodd Elin Ennog yn glên pan ddaeth i'r cwt ieir i estyn wyau ar gyfer ei chrempog.

Ond gwrthod codi wnaeth yr ieir.

Eistedd yn llonydd wnaethon nhw – eistedd ac eistedd a gwrthod symud oddi ar eu hwyau. Roedd ieir Erwau'r Enfys ar streic!

Ac felly y buon nhw, yn eistedd trwy fis Ebrill.

Ond am mai gwraig garedig oedd Elin Ennog, wnaeth hi ddim eu poeni, dim ond gadael iddyn nhw eistedd.

Un bore, daeth sŵn clwcian balch o gyfeiriad y cwt ieir ac yno yn rhes roedd y cywion bach delaf a welodd Elin Ennog erioed – ew, roedd hi'n falch nad oedd hi wedi poeni'r ieir.

Edrychodd yn falch ar y cywion bach melyn – roedd pob un yn grwn ac yn felyn fel crempogen! CREMPOG! Cofiodd Elin Ennog yn sydyn.

Ac i ffwrdd ag Elin Ennog i siop Erwau'r Enfys i brynu wyau i wneud crempog eto – ond dim ond un gydag ychydig bach o eisin a jam eirin arni y tro hwn.

Ff 'Fale, 'Fale filoedd

Fedra i fynd
I fyny fan'na
Fory 'falla'
I fwyta 'fala'?

Fory ddaw
Fydd dim 'fala'
Fe fydd Fic
Yn rhwbio'i fola.

Ff

Ffidl-ffadl, a Ffion yn ffidlan

'Ffion, ry'ch chi'n ffidlan eto!' ffrwydrodd Miss Ffreuer Ffyrnig. 'Ffordd yma mae pawb arall yn mynd!'

Doedd Ffion ddim yn hoff iawn o ddawnsio gwerin, roedd hi'n ffaelu cael ei thraed i fynd y ffordd gywir.

'Ffwrdd â chi, ffordd acw, gwrandewch ar sŵn y ffidil, Ffion!' bloeddiodd Miss Ffreuer Ffyrnig wedyn. Ond roedd y ffidil yn mynd yn rhy gyflym i Ffion. Stryffaglodd ymlaen, ffordd yma ffordd acw –

'Ffidl-ffadl, ffadl-ffidl,' sgrechiai'r ffidil, a charlamai Ffion fel ceffyl ar ôl ei ffrindiau.

Yna'n ffwrbwt, stopiodd y ffidil. Stopiodd ffrindiau Ffion, stopiodd Miss Ffreuer Ffyrnig. Ond dal i fynd wnaeth Ffion. Syrthiodd ar draws Ffranc a disgyn yn fflat.

Aeth wyneb Miss Ffreuer Ffyrnig yn fflamgoch.

'Ffion, rydych chi'n ffôl!' ffrwydrodd Miss Ffreuer Ffyrnig wedyn. 'Wfft i chi, rydw i'n rhoi'r ffidil yn y to!' Ac i ffwrdd â hi.

Miss Ffiona Ffeind ddaeth i ddysgu dawnsio gwerin i ddosbarth Ffion drannoeth y ffair. Wnaeth Ffion fyth ffidlan wedyn.

Gg

Gwin gwsberins Nos Galan Gaeaf

Nos Galan Gaeaf yn y gwyll, gwelais glamp o gawr grwgnachlyd yn gwenu ac yn gwneud gwin gwsberins. Gwir y gair!

Nos Galan Gaeaf yn y gwyll, gwelais gysgod gwrach yn y goedwig yn gwnïo gwe i gipio gwybed. Gwir y gair!

Nos Galan Gaeaf yn y gwyll, gwelais gorrach ger y Gelli Gandryll yn gwylltio gwenyn. Gwir y gair!

Gwyliwch, gwasgwch tu ôl i gloddia'
I ganfod hud y gwyll ar Nos Galan Gaea'.

NG ng

Cing Cong anghofus

Un anghofus oedd Cing Cong. Doedd ef byth yn cofio talu ei fil trydan, felly byddai ei dŷ mewn tywyllwch yn aml iawn. Roedd hyn yn anghyfleus iawn oherwydd orang-wtang oedd Cing Cong, ac roedd ef yn byw gyda gweddill teulu'r orang-wtang, yng nghrombil y jyngl dywyllaf un!

Un noson, roedd yng nghegin ei gartref ar y gangen uchaf, yn gwasgu mango mewn mangl. Yn sydyn, aeth pob man yn dywyll.

'O! na,' meddai Cing Cong. 'Ble yn y byd roddais i fy nghannwyll?'

Ac wrth chwilio am ei gannwyll, anghofiodd Cing Cong bopeth am y mangl; baglodd Cing Cong dros yr handlen:

'Bing, boing, bang!' meddai ei drwyn wrth daro un gangen ar ôl y llall.

‘AWW!’ bloeddiodd Cing Cong druan, gan godi ar ei draed yn wyllt.

‘Ting, ping, ding!’ meddai ei gorun wrth daro yn erbyn y silff cadw mangos.

‘AWW! O, fy nghorun! O, fy nghoes! O, fy nghlust! O, fy nghefn! O, fy nghynffon! O, fy nghorff bach poenus!’ bloeddiodd Cing Cong.

‘Ble mae ’nghannwyll i?’

‘Dyma hi, ’nghariad i’ meddai ei fam, oedd wedi dringo i’r gangen uchaf i weld beth oedd achos yr holl sŵn. Rhoddodd olau ar y gannwyll a helpu Cing Cong druan i roi plastar ar ei drwyn.

‘Tyrd yn dy flaen fy anghenfil bach anghofus i!’ meddai’n garedig. ‘Beth am gêm o ping-pong?’

‘Syniad da,’ meddai Cing Cong. ‘Mae ping-pong yn siŵr o godi ’nghalon i!’

Hetiau Hapus Heti

Hetiau Hapus Heti –
y siop hetiau orau'n y wlad!
Heidiwch yma i brynu eich holl hetiau.
Hetiau hyfryd a hardd i fynd allan i'r ardd.
Hetiau hwyliog a hwylus i gario mefus.
Hetiau hurt a heglog i'w rhoi ar eich penglog.
Helmed heddwas rhadlon i hela'r lladron.
Neu beth am het hud i hwylio'r byd –
Fe'u cewch i gyd yn siop Heti Hetiau!

'Wyt ti'n gwybod y ffordd i'r India?'

Yr Iau olaf yn Ionawr

Annwyl Ianto Ifans,

Dyma fi yn yr India, wedi taith eitha hir. Fe wnaethon ni droi i'r chwith yn lle i'r dde ac igam-ogamu dros Iwerddon a chael ein hunain uwchben cefnfor yr Iwerydd – hi, hi!

Heb weld yr un iglŵ na'r un igiwana eto, ond mae yna ddyn neis iawn o'r enw Mr I. Eti yn byw drws nesa'.

Hwyl am y tro,
Ifan Igian.
xxxx

Ianto Ifans,
Seren Isa,
Is-yr-Iau,
Ifynyfan'na.

Jamborî mawr y Jyngl

'Jiw jiw,' meddai Jimi Jôs y Jiraff wrtho'i hun.

Roedd wrthi'n darllen poster mawr ar wal y jêl:

JAMBORÎ MAWR Y JYNGL!

DEWCH O JAMAICA NEU O JAPAN
DEWCH O JIWPITER AC O BOB MAN.

DEWCH I WELD YR ANHYGOEL:
JONI JAGIWAR YN JYGLO!
JOSHIWA JAC-DO YN JANGLO!
JENI JI-BINC YN JIGIO!
JIMI JÔS Y JIRAFF YN JEIFIO!

HEFYD:

CYSTADLEUAETH DWEUD JÔCS, BWYTA JELI CROCODEIL GYDA GWELLTYN, GWAU JYMPER I JYMBO'R ELIFFANT,

GWOBR ARBENNIG:

RHODDIR GWOBR ARBENNIG AM Y JAR MWYAF O JAM BLEW LLEW.

'Jiw, jiw,' meddai Llywelyn y Llew o'r tu ôl i fariau'r jêl. 'Pam na wnei di drio'r gystadleuaeth jam blew llew... ?

...Edrych mae gen i ddigon o flew gei di am ffafr fach... Dere ychydig yn nes Jimi Jôs.' A llyfodd y llew ei weflau.

'Y... Na, ddim heddiw diolch,' atebodd Jimi Jôs y Jiraff, ac aeth adref i newid i'w jîns er mwyn ymarfer jeifio.

Ll

Lili Loerig

Lili lawen, lonc-di-linc
Yn ei ffrog fach ffrili binc,
Lili lawen, linc-di-lonc
Lan a lawr yn llon a sionc
Lili lawen, lan â thi
Lawr a lawr rhy chwim ddof fi!
Lili loerig bydd ofalus
Mi ges ginio a the blasus!

Rwyf nawr yn dost a gwelw, gweli:
Rhaid imi fynd yn syth i'r gwely.
Lili lawen, lonc-di-linc
Yn dy ffrog fach ffrili binc.

Ll

Lleucu Llwyd yn llyncu llysiau!

Bwyta ei llysiau oedd Lleucu Llwyd un min nos, yng ngolau'r lleuad, pan glywodd sŵn llithro yn dod o gyfeiriad y llenni. Dychrynodd cymaint, nes roedd hi bron â llyncu ei llwy.

‘P… p… pwy sydd yna?’ holodd mewn llais bach, bach. Ond ddywedodd y llenni ddim byd!

‘Ll… ll… llyrp…’ Roedd rhywbeth yn llechu tu ôl i’r llenni!

‘O! Beth petai llygod llwglyd yn llamu o du ôl i’r llenni ac yn llarpio fy llysiau i bob tamaid?’ meddyliodd Lleucu Llwyd.

Ond nid llygod llwglyd oedd yn llechu y tu ôl i’r llenni.

‘O! Beth petai lleidr gwyllt yn llamu o du ôl i’r llenni a dwyn fy llwy?’ meddyliodd Lleucu Llwyd.

Ond nid lleidr gwyllt oedd yn llechu y tu ôl i’r llenni.

‘O! Alla’ i ddim dioddef hyn!’ meddai Lleucu Llwyd, bron â llewygu!

‘Plis, dewch allan o du ôl i’r llenni,’ gofynnodd gyda’i llais bach, bach.

‘Ll... ll... llyrp’ – llamodd llyffant llawen o du ôl i’r llenni.

‘Llyffant!’ bloeddiodd Lleucu Llwyd yn llon, ‘dim ond llyffant!’

A dyna lle bu Lleucu Llwyd a’r llyffant llawen yn llyncu llysiau yng ngolau’r lleuad!

Mm

Madog a'r môr-ladron milain

'Môr-ladron!' meddai Mabon o ben y mast.
'Maen nhw'n dod y ffordd yma ar dipyn o hast!'
'Menyn melyn! O Mam bach, mae'n Amen,'
Meddai Madog y morwr, 'Mae gen i gur yn fy mhen.'
'Mae yna rhai milain, mawr, mwy – a rhai main,
O! Mawredd mawr Madog, mi welaf dy nain!'
'Fy nain?' meddai Madog y morwr yn syn.
'Mae'n dod tuag yma mewn merang mawr gwyn.'
'O! iym,' meddai Madog. 'Mae 'mol i yn mwmian.
Merang mafon i de, a jam mefus ar frechdan!
Mmmmmm… a iymi, iymi mmmmm!'

Nn 'O! Na!' medd Mrs Noa

'Na! Nid fi 'nath,' nadodd Neli'r neidr gantroed. 'Edrychwch Mrs Noa, mae 'nhraed i yn lân!'

Roedd Mrs Noa newydd olchi llawr yr arch am y nawfed gwaith y noson honno, ac roedd hi wedi cael digon!

'Nid fi 'nath y llanast ar y llawr!' nadodd Neli wedyn.

'Ond mae ôl dy draed di ym mhob man, Neli!' meddai Mrs Noa.

'O na!' nadodd Neli.

'Nefi blŵ!' ochneidiodd Mrs Noa. 'Mae'n hen bryd i'r glaw yma beidio er mwyn i ni gael mynd allan o'r nyth cacwn yma!'

Yna neidiodd Ned, gŵr Neli, yn ôl dros ymyl yr arch.

'Noswaith dda, Mrs Noa,' meddai'n annwyl, gan nodio ar Mrs Noa. 'Newydd fod yn nofio wyddoch chi, ond roedd hi'n anodd nofio heno – gormod o laid! Nos da, Mrs Noa. Tyrd, Neli fach, i chwilio am le yn y nyth, neu fydd dim modfedd o le i ni noswylio.'

Ac i ffwrdd â Ned a Neli y ddwy neidr gantroed i chwilio am le i noswylio.

'O na, ddim eto!' ochneidiodd Mrs Noa, gan ailafael yn ei mop.

Olwynion ac olew

'O na!' ochneidiodd Owain.

'Mae'r olwyn hon yn gam – mae'n mynd yn igam-ogam. O! na! O! help, O! Mam!' 'Och, gwae!' ochneidiodd Owain. 'Mae olew ar hyd y lôn, ac mae'r tro ofnadwy acw'n dod yn rhy gyflym yn y bôn!' Sblish! Sblash!

Sbloooooosh

Pp

'Paid, Padrig!'

'Paid pwyso'r botwm!' protestiodd Mam.
'Pam?' holodd Padrig. 'Pam Mam, pam?'

'Paid peintio'r piano!' poerodd Mr Preis.
'Pam?' holodd Padrig. 'Mae piano pinc yn neis!'

'Paid pigo ar Pitar!' parablodd Mrs Prys.
'Pam?' holodd Padrig. 'Mae e'n sefyll ar fy mys.'

'Paid poeri i'r pwdin!' pwdodd Mrs Puw.
'Pam?' holodd Padrig. 'Pwdin plwm a stiw!'

'Paid pinsio'r pwdl!' protestiodd Pam.
'Y pwdl aeth â'm pitsa, a llond plât o spam.'

'Pryd,' pendronai Padrig, 'y peidiaf gael bai ar gam?'
'Pan ddysgi di fihafio, dyna pryd,' meddai Mam.

PH ph Phylis â'i phriodas

Ffesant go grand oedd Phylis. A heddiw roedd Phylis yn paratoi at ddiwrnod arbennig a phwysig iawn – diwrnod ei phriodas. Cododd yn fore i gyrlio ei phlu a pholishio ei phig.

Roedd Phylis yn hoff iawn o ddau beth – arddangos ei phlu a bwyta ei phwdin pys.

Dyna pam y penderfynodd briodi. Ond doedd Phil ei chariad ddim mor siŵr, felly fe aeth Phil am dro pell, pell.

Pan ddaeth Fflo, ffrind Phylis heibio i ddweud fod Phil wedi mynd am dro pell, pell, 'phoenodd Phylis ddim.

'Phiw!' meddai gan ysgwyd ei phen a thwtio ei phlu. Phoenodd hi ddim oherwydd gwyddai y byddai'n cael ei phwdin pys i gyd yn ei phowlen hi, ac na fyddai raid iddi rannu dim ohono gyda Phil. Ac aeth ati'n llawen i agor ei phresantau priodas.

Rr 'Rargian! - rygbi Rachub

Roedd Robin-dir-ripyn yn reffarî mewn gêm o rygbi yn Rachub.

'Cais!' sgrechiodd y dorf, pan rowliodd Robat Robats dros y llinell.

'Rybish! Fi ydy'r reffarî!' rhuodd Robin-dir-ripyn.

'Rŵan, rŵan, rydw i wedi 'laru ar y rowlio gwirion yma ar y llawr!' rhybuddiodd Robin drachefn. 'Reit, ar eich traed, a dim cadw reiat, neu mi fydda' i'n riteirio!'

'Hwrê!' bloeddiodd y dorf, wrth glywed fod Robin-dir-ripyn am roi'r gorau i reffarîo. Roedd bron yn bedwar ugain a thri, ac yn hwyr glas iddo ymddeol!

Dechreuodd y dorf daflu rwdins a riwbob a phob math o sbwriel at Robin.

'Reit, mi af i,' meddai Robin wrth i rwdan anferthol rowlio heibio iddo. 'Mae yna ddigon o arian i'w wneud yn rhawio rwbel i ferfa yn y chwarel.' Ac i ffwrdd â Robin.

'Brrrrr'

Yr wythnos wedyn, daeth Robin-dir-ripyn ar gefn ei dractor i reffarîo yn Rachub.

'Ha, ha!' rhuodd y dorf:

'Robin-dir-ripyn
Pen coes cribyn
Dannedd hwch
A chlustiau mochyn!'

Trawodd clamp o rwdan drwyn Robin druan – a dyna fu diwedd rygbi yn Rachub…

RH rh

Adar rhyfedd Rhiannon

Rhywle yng nghanol y creigiau, roedd Adar Rhiannon yn byw. Adar hudol a rhyfeddol oedd y rheiny.

Doedd neb yn gwybod ymhle roedd eu nyth – yng nghanol y rhedyn efallai, neu ar wyneb rhychiog y creigiau.

Ni allai neb eu rhwydo na'u rhifo chwaith oherwydd byddent yn hedfan yn uchel uwchben y creigiau. Hedfan fel rhubanau lliwgar yn rhowlio. Hedfan fel rhesi o betalau rhosod yn chwyrlïo.

Petaech chi'n clywed eu canu rhyfedd, byddai gwe ysgafn yn disgyn ac yn eich rhwydo oherwydd, yn ôl y chwedl, nid oedd neb a glywai gân Adar Rhiannon yn rhydd o'u swyn fyth wedyn.

Ss

Sŵn y nos

Sh, sh, sŵn siffrwd yn y nos,
Ystlum a'i adenydd sidan
Yn saethu i'r sêr ar adain ysgafn,
Sh, sh, sŵn siffrwd yn y nos.

Sh, sh, sŵn sisial yn y nos,
Ysbryd mewn siôl wen yn suo
Dau lygad craff yn sbio, sbio,
Sh, sh, sŵn sisial yn y nos.

Sh, sh, sŵn sibrwd yn y nos,
Sipsi 'sgafndroed yno'n dawnsio
Dan olau swyn, mae wrthi'n sgipio,
Sh, sh, sŵn sibrwd yn y nos.

Tt

Twm Tatws a'r trôns tyllog

Roedd Twm yn arddwr prysur iawn; roedd ganddo lawer o waith tacluso a gwaith tocio i'w wneud.

Ond roedd Twm mewn trafferth mawr; roedd rhywbeth yn gwneud tyllau yn ei ddillad o hyd.

Bob tro y byddai'n golchi twmpath o ddillad a'u rhoi ar y lein byddai tyllau bychain yn ymddangos ynddyn nhw.

'Twt, twt,' meddai Twm Tatws un bore wrth edrych trwy un o'r tyllau yn y trowsus tyllog. 'Tydy hyn ddim yn deg – dyma fi gyda llond trol o waith i'w wneud yn yr ardd, a thomen o dyllau i'w trwsio yn y trowsus yma!'

Roedd yr un peth wedi digwydd eto fore trannoeth, ond y tro yma, trôns Twm Tatws oedd yn dyllau i gyd, ac yn y papur newydd roedd y pennawd:

DIRGELWCH TRÔNS TYLLOG TWM TATWS!

Daeth Tudur Tylluan heibio tŷ Twm Tatws. Yno, roedd Twm wrth y tân yn trwsio'r trôns tyllog.

'Trueni, trueni. Trist tu hwnt!' meddai Tudur Tylluan yn ddoeth. 'Ond paid torri dy galon. Mi ddof i o hyd i'r taclau drwg.' Ac i ffwrdd â Tudur Tylluan i ddyfeisio 'Trap Trechu Taclau Tyllu Trowsusau'.

Bu Tudur Tylluan wrthi'n creu'r trap am oriau. Ymhen hir a hwyr, roedd yn barod i'w osod wrth y lein ddillad. Roedd Tudur Tylluan yn falch iawn o'r trap.

Aeth Twm Tatws i'w wely'n hapus.

Ond cyn hir, clywodd sŵn y tu allan i'w ffenestr.

'Tap tap, titrwm tatrwm, tap tap, titrwm tatrwm.'

Roedd rhywun yn trio ei ddeffro.

'Tap tap, titrwm tatrwm, tap tap, titrwm tatrwm.'

Neidiodd Twm at y ffenestr, ac yno roedd Titw yn torri ei chalon.

'Mae'n ddrwg gen i Twm ond fi fu'n gwneud tyllau yn dy ddillad di,' meddai trwy ei dagrau. 'Roeddwn i eisiau defnydd i wneud nyth clyd yn barod i'r cywion, a nawr mae'r trap trychinebus yna yn fy rhwystro i rhag mynd yn agos at y nyth.'

'Wel, os gwnei di addo peidio â gwneud rhagor o dyllau yn fy nillad, mi ddof i dy helpu di,' meddai Twm Tatws.

A dyna lle bu'r ddau yn tynnu'r trap i lawr.

Fore trannoeth, y pennawd yn y papur newydd oedd:

TA-TA, TRAP TRECHU TACLAU TYLLU TROWSUSAU!

TH *th*

Cathi a'i thrysor

Gwaith Cathi oedd plethu gwenith – dyna sut roedd hi'n cael arian i fyw a thalu am ei phethau. Weithiau, rhwng plethu a thwtio, byddai Cathi yn mynd at ei thelyn a thynnu ar ei thannau nes y byddai'r nodau yn dawnsio o amgylch ei thŷ. Ei thelyn oedd ei thrysor – nid oedd ganddi un dim arall o werth – heblaw Bartholomeus y gath. Ond os na allai blethu digon o wenith, byddai'n rhaid iddi werthu ei thelyn.

Eisteddai Bartholomeus wrth ei thraed yng nghanol y gwenith. Un hoff o fwythau ac o faldod oedd Bartholomeus – roedd wrth ei fodd yn edrych i'r tanllwyth tân yn breuddwydio am fod yn gyfoethog.

Un noswaith, daeth sŵn curo ar ddrws y tŷ – geneth ifanc oedd yno. Roedd ei thiwnic yn llaid i gyd a thyllau mawr yn ei siôl, ac edrychai ar ei thraed yn drist a thruenus.

'Tyrd i mewn, fy ngeneth i,' meddai Cathi'n garedig. Torrodd dafell fawr o'r dorth frith iddi, a'i rhoi i eistedd wrth y tanllwyth tân. Syrthiodd yr eneth ifanc i gysgu'n syth. Lapiodd Cathi garthen drosti, ac aeth i'w gwely.

Yn y bore, deffrodd Cathi ac aeth i'r gegin i gynnau ei thân. Chwiliodd a chwiliodd – nid oedd hanes o'r eneth ifanc, ond roedd Bartholomeus yno yn ei nyth o wenith yn cysgu'n drwm. Ac wrth ei draed, roedd y twmpathau – ond nid gwenith oeddynt ond sofrenni aur, disglair! Chwerthin wnaeth Cathi, chwerthin a chwerthin, ac aeth allan yn syth i'r siop a thalu am ei phethau.

Unawd yr uwd yn yr Urdd

Yn Eisteddfod yr Urdd Abernunlle, roedd cystadleuaeth unawd llyncu uwd.

'Hawdd, hawdd,' meddai Urien. 'Fi fydd yr unig un gwerth ei halen yn y gystadleuaeth.'

Ond wyddai Urien ddim fod Undeg hefyd yn bencampwraig ar fwyta uwd.

Daeth yn un o'r gloch. Eisteddodd Urien ac Undeg wrth y bwrdd, ac o'u blaenau roedd ugeiniau o fowlenni o uwd hufennog hyfryd.

'Un, dau, tri, ac i ffwrdd â chi!' gwaeddodd yr arweinydd.
Daeth dyn tynnu lluniau yno i gael llun i'r papur newydd, *Llais Abernunlle*.

Erbyn hyn, roedd Urien ac Undeg wedi llowcio llond ugain powlen o'r uwd, ac roedd Urien ar fin crafu gwaelod powlen rhif un ar hugain, pan welodd hanner pry du ar waelod ei fowlen.

'Uuuuu!' udodd yn uchel a safodd yn ei unfan wedi llyncu mul! Seiniodd yr utgorn, a safodd Undeg ar ei thraed.

'Undeg yw pencampwr bwyta uwd Eisteddfod yr Urdd Abernunlle,' meddai'r arweinydd, ac aeth Undeg ymlaen i gystadlu yn yr unawd ubain neu udo i rai dros bump oed. Ymddangosodd ei llun yn y papur am wneud hynny hefyd.

Ww Welwch chi'r wiwer?

Roedd Wini William yn hen wraig annwyl iawn.

Fe wyddai bopeth am y coed a'r blodau a'r anifeiliaid gwyllt a oedd yn byw o amgylch ei bwthyn. Gwyliai hwy'n ofalus iawn oherwydd roedd Wini William yn dweud mai wrth wylio byd natur y dysgodd y cwbl a wyddai.

Bob gwanwyn, dôi'r wennol fach yn ôl i nythu dan fondo'r bwthyn, a byddai Wini'n wên i gyd.

Ond un dydd, roedd drws y bwthyn wedi'i gau a'r llenni heb eu hagor. Disgynnodd niwl dros y goedwig, tawelodd sŵn yr adar, ac aeth y wiwer a'r wenci i guddio. Ni welwyd Wini William wedyn, ac ni ddaeth y wennol yn ôl i'r bondo y gwanwyn hwnnw.

Yy

Ysbaddaden a'i ymennydd

Ysbaddaden fu'n ysblennydd
Ond fe gollodd ei ymennydd,
Yn y coed yn ymyl fan'cw
Pan oedd wrthi'n hela'r gwcw.
Ysgyfarnog a ddaeth heibio
Dwyn yr ymennydd ffwrdd a'i guddio,
I fyny'r ysgol aeth yn gyflym
A'i roi'n ysgubor Ynyr Ystlum.
Yno y bu'r ymennydd wedyn
Ac Ysbaddaden yn y rhedyn
Â'i ben yn ysgafn a'i wên yn ynfyd,
Yn canu am bethau bychain hyfryd.
Ond Ynyr Ystlum fu'n poeni amdano
Ac aeth â'i ymennydd yn ôl iddo.
'Diolch Ynyr,' medd Ysbaddaden,
A stwffio'r ymennydd nôl yn llawen.
Yna daeth Culhwch ar garlam heibio –
Ond chwedl arall ydi honno!

Argraffiad cyntaf: Medi 2002

Rhif Llyfr Safonol Rhyngwladol: 0-86381-786-6

Dymuna'r cyhoeddwyr ddiolch i'r panel ymgynghori a threialu:
Menna Watkins, Ysgol Gymraeg Dewi Sant, Llanelli
Jan Pallit, Ysgol Bro Eirwg
Michelle Davies, Ysgol Gynradd Llanfair-ym-Muallt
Ysgol Gynradd Llanuwchllyn

Sganio a chynllun clawr: Sian Parri; allosod: Interprint, Melita

Cyhoeddir gan Carreg Gwalch Cyf., Ysgubor Plas, Llwyndyrys, Pwllheli, Gwynedd LL53 6NG.
☏ *01758 750432*
🖷 *01758 750438*
✉ *llyfrau@carreg-gwalch.co.uk*
lle ar y we: www.carreg-gwalch.co.uk